LA BELLE DIARIES

KUCHH ANKAHE ALFAAZ, KUCH ANSUNI AAAWAZ

ANSHARAH NOAH

Contents

Contents

Preface

"*Go then my little Book , and show to all*
that entertain, and bid thee welcome shall ."

Acknowledgements

"*Them that I love, know that I love them .*
I want to thanks my readers, family members,
friends, colleagues for believing in me and giving me my first
start.
Writing this book has been an exercise in sustained suffering."

LOVE

1. Dil Kehta Hai 1

"Ab Uske Saath Rahoon
Ya kinaara Karoon ,"

"Aye Dil , thoda theher !
main Istekhaara Karoon ,"

"Istekhara Kahta hai ,Kinara Karoon ."

"Dil ye Kahta hai,
Istekhaara dobara Karoon.
"

2. Dil Kehta Hai 2

"Dil Kehta Hai ,
Tujhe Pukaara Karoon."

"Tu Aaya nahi , Yaad aayi hai.
Ab Unhi yaadon se, guzaara karoon ."

"Dil Kehta Hai ,
Sabse Kinaara Karoon ,
Tu Kho gya hai kahin,
warna,
Tujhmein Kho jaya karoon,"

"Dil Kehta Hai ,
Wo guzar gyaa,
Ab Zindagi yoonhi guzaara Karoon."

"Aye Dil,
Jo Tujhpe guzar rahi ,
Ab Wo kise samjhaya karoon .."

3. Dil Kehta Hai 3

"*Dil kehta hai ,*
Khud ko Sawaaraa Karoon.
Ab Sawar Kar ,
kise main dikhaya karoon ?"

"*Dil Jaanta hai ,*
Teri Manzil koi Aur hai ,
Phir bhi Raah mein teri ,
Main hi aaya karoon ."

"*Dil kehta Hai ,*
Unse Nazrein yoonhi,
Milaaya karoon,
aur,
Un Nazron mein kho jaya karoon.
Kahin nazar na lag Jaaye,
Phir nazar main ,
Nazar se Utaara Karoon."

"*Wo Kehte hain,*
Unhein Dil se Nikaala Karoon,"

"

Dil Kahta hai,

Logon mein , Main na aaya karoon,
Tuta Hi Sahi ,Makaan hai Unka ,
Aise Kaise Main Unse Kinara karoon , "

"

Ab Dil ko Dil mein, Chhipaaya karoon.
Aur Zindagi yoonhi main,
Zaaya Karoon ! "

4. Kuch Is Tarah

"*Kuch iss Tarah,*
Dil ne kaha
Dil ki suni,
maine iss Tarah , "

"*Mere Zakhm par,*
Tu hai Dawa,
Main Dhoop hoon ,
Tu hai Ghataaa. "

"*Hai Faasle Ab Darmiyaan,*
Aa Tujhe Chhoo loon,
Ban Kar Hawaa. "

"*Tujhe Dhoondti main,*
Harr jagah,
Tu Aa bhi jaa
Ab iss Dafah, "

"*Kardoon main sabko Dafa,*
Agar Aa gaya Tu is dafah,
Chal Maaf ki ,
Teri Khataa,
Ab Aazmaa le

Meri Wafaa, "

"*Dil ne Kaha,*
kuch Iss tarah !
"

Meri Wafaa, "

"*Dil ne Kaha,*
kuch Iss tarah !
"

5. Ek Aas

"*Ek Aas dabi hai seene mein,*
Tum Ek din Zarur Aooge ,
Zindagi mein Bhale Na Sahi,
Arsh mein mil hi Jaaoge."

"*Yeh Raabta Humara,*
Jannat tak le jaayega,
Wahan Jaa kar ,
Kahin Na jaa Paaoge,"

"*Inn Zanjeeron Ki Ranjish mein,*
Yahan Jeet na paaoge,
In galiyon mein na sahi,
Jannatein Ghoomaaoge,"

"*Jo Kaha Naa Maine Ab tak,*
Wo Aankhon mein padh Jaooge,
Galti bhale hi meri ho,
Tum phir bhi mujhe Manaaoge,"

"*Khwab Jo dekha hai Maine,*
Taabir Tum Kr Jaaoge,
Hoor Pariyon ko jab tum
Meri Kahani Sunaooge,"

Hontho se Na Sahi,
Aankhon se Muskuraaoge, "

"*Khali Dil ko Tum,*
Roshan Kar jaoge
Jo Wada kiya hai Yahan ,
Jab Wahan Nibhaoge .
Ek Aas hai meri,
Tum Wahan mil hi Jaoge !
"

6. Tum Aaj Bhi Yaad Aate Ho,

"Mujhe Aaj bhi Tum Yaad Aate Ho,
Bewajah Dil Dhad kaate Ho,
Hum khud ko Khushnaseeb samjhe,
Ya
Tum sabko Aise hi Sataate Ho ?"

"Yeh Jo nazrein mujhse Churaate Ho,
Phir Yeh Nazrein kisse Milaate ho ?
Chhordh ke Jaa Chuke ho Tum.
Phir Khwaabon mein Kyun Aate ho ?"

"Khwab mein Jab Tum aate ho ,
Phir ek Khwab dikhaate ho,
Tum Na jaaoge Chhordh Kar ,
Yeh Wadaa doh-raate ho ."

"Iishaa se fajr tak,
fajr se Zohar tak,
Tum mujhpe farz ho jaate ho,
Aur tum,
Nafil namaazon ki tarah ,
Mujhe Chhordh Jaate ho ."

"Kaale lebaas mein jab Tum,
Galiyon se guzar jaate ho,
Na jaane kitni Chhaton par
Humse Tawaaf Karwaate ho . "

"Tum Aaj bhi Neend Churaate ho,
Phir Inhi Ankhon mein Bas Jaate ho ,
Wafaa khud na Kar sake,
To Hume Bewafa thehraate Ho. "

"Khaer ab jaa chuke ho Tum,
Phir kyun Aaj bhi yaad Aate ho , "

"Chhordh Kar mujhko
Kya Tum pachhtaate ho ? "

7. Dalgona Aur Chai

"Jab Aap humare Ghar ko aate hain
Dil hi dil Aap Muskuraate hain ,
Aankhon mein Aapki ,
Chai ki Talab Dekh kar , "

"Socha!
Hum hi Chai ban jaate hain . "

"Aap kaafi door se Aate hain,
Lambe Safar ki thakaan.
Aap Chai se hi bhujaate hain , "

"Biscuit ki tarah jab Aap,
Chai mein doob jaate hain. "

"To Socha!
Hum hi Chai ban jaate hain ! "

"Phir Hua yoon ,
Ki Chai ki pattiyon ki tarah,
Hum doodh mein Ghul jaate hain
Khidki se Aapki raah
Takte rah jaate Hain . "

"Ek din hum phir muskuraate Hain,
Jab Aap Wapas laut hi aate hain
Aap Talab to karen Chai ki,
Hum Pesh Ho jaate hain ."

"Dil toot sa gaya Humara ,
Jab Aap kah jaate hain"

""DALGONA hai intezaar mein
Ab Hum Ghar ko jaate hain.""

8. Zaroori Nahi Ishq Mein

"Zaroori nahi Ishq mein,
Paana hi zaroori ho."

"Zaroori hai Unki yaadon Mein Tera,
Aana bhi Zaruri ho."

"Zaruri Nahi,
Wo Chhordh Gya,
Toh,
Zindagi Adhoori ho."

"Tu Zarurat Thi,
Ab Zaroori Toh nahi,
Tu bhi uske liye,
Zaroori Ho."

"Zaroori hai,
Teri Zarurat Un saanson ko zaroori ho,"

"

Par Zaroori toh nahi,
Tab Unki Yeh Khwaish."

"Tere liye,

Zaroori ho. "

9. Ishq Aur Mohabbat

"Tujhe dekha to teri Chahat hui,
Teri Chahat mein ,
Ibaadat hui, "

"Tu Muskuraaya toh mujhe
Ulfat hui,
Tune baat kari to teri aadat hui,
Phir,
Nind ko tujhse Shikayat hui"

"Phir,
Aadaton ko teri zaroorat hui,
Zaruratein meri mukammal hui,
Dheere Dheere phir tujhse
Mohabbat hui , "

"Teri Mohabbat mein ,
mein meri Inayat hui,
Phir Mohabbat mein kaafi
Rukaawat hui. "

"Rukawatein hui toh,
Baghawat kari,
Ghar walon ne Baghawat pe

Shikayat kari. "

"*Jab Mohabbat mein itna
junoon hogya,
dheere dheere phir dil be sakun hogya ,* "

"*Mujhe samajh naa aya,
Kab mohabbat se mujhe
Ishq hogya .* "

"*Ishhh..
Mujhe Ishq hogya !* "

10. Paas Agar Aap Humare Hote

"Paas agar Aap Humare hote,
Toh Aaftab ke Saath bhi,
Sitaare hote."

"Yoon na tadapte hum aapke liye
Agar Aaapke Paas
Rukhe-deedaar ke Bahane hote."

"Woh bhi kya nazaare hote,
Jab Paas Aap humare hote
"

"Heer Raanjha Romeo-Juliet ki tarah
Humare bhi likhe gaye
Afsaane hote."

"Jab Paas Aap
Humare hote."

11. Aap Kahte Hain ,Toh Maan Lete hain

"Aap kahte hain

toh maan lete hain.

Khud pe thoda,

Ab dhyan dete hain "

"Aapne kaha hum Khoobsurat hain

Toh Hum bhi Aine mein khud ko,

Nihaar lete hain. "

"Aap kahte hain

toh maan lete hain.

Aapne kaha koi na dekhe hume,

Toh hum bhi khidkiyon mein

Parde daal dete hain . "

"Khud ko thoda aur Sanwaar lete hain,

Aap kahte hain

Toh maan lete hain. "

"Aapne Mohabbat ka Iqrar jo kiya hai,

Toh Socha,

Hum bhi is dosti ko ab anjaam dete hain .

"

"jo Aap kahen

Hum Sab Maan lete Hain,

Kyunki Aap hi toh humpe jaan dete hain.

"

12. Tu Chahe Kisi Aur ko

"Ishq bhi hai.
Ishq mein Tera Zikr bhi hai.
Tu mujhe dekhta nahi ,
Isliye Is Dil ki Fikr bhi hai."

"Wafa bhi hai,Ada bhi hai,
Ghar walon ki Razaa bhi hai.
Tu mujhe Chahta nahi ,
Isliye Dil Khafa bhi hai."

"Dil Mera teri or hi hai,
Dil pe Mera Zor nahi hai,
Tu Chahe Kisi Aur ko,
Is baat ka Gali mein
Shor bhi hai."

13. Tere Ishq

"*Tere Ishq Ko Humne Pehen liya*
kafan ki tarah ,
Tere Ishq Ko Humne Pehen liya
kafan ki tarah ,
Ab Chah Kar Bhi Ise Utaar Nahi Sakte."

14. Aakhir Tere Kya Hain Hum

"*Ab Tak na samajh sake ,*

Aakhir Tere Kya Hain Hum ,"

"*Teri Zarurat Hain ?*

Ya,"

"*Tere Liye Zaroori Hain Hum .*"

15. Maanga Hai Tujhe

"Fajr se Shab Tak,
Shab se phir Fajr Tak ,"

"Maanga Hai Tujhe
Rab se ,
Farsh se Arsh tak,"

"Aag se dhuaan Tak.
Dhuaan se phir,
Ghataa tak,"

"Jhuka raha Sajde mein,
Dua puri na hui
Jab tak ."

REALITY&SOCIETY

16. Chehra

"Chehre pe Marne walon,
Har Chehre ke pichhe,
Chehra Chhipa Zaroor hota hai."

"Har Sach ke do Chehre Hote hain.
Ek Chehra Aapko dikhta hai,
Dusra Chehra Nazar se,
Door Zaroor Hota hai."

"Mat Kar Yakeen Chehre pe,
Har Chehre pe Ek Chehra Chhipa Zarur Hota hai ."

17. Khayal Hai Magar

"Khayal hai magar ,
Itna Khayal thodi hai
Hum Apko Roz Call karen,
Ab itna Pyaar thodi hai."

"Bura Haal hai magar,
Dil Behaal thodi hai.
Zindagi Gham se Fanaah hojaye,
Ab Yeh Khwaab thodi hai."

"Dosti hai magar ,
Ab Woh baat thodi hai,
Matlab se kar lete hain ,
Sab baat yahan ,"

"Yahan, Kisi ko , Kisi Ka ,
Khayal Thodi hai.
"

18. Likh Di Woh Baat

"*Likh di Woh baat Unke
Chahron Par,
Jo Woh Mujhe kaha Karte hain.*"

"*Ab Jab Bhi Aainaa dekhte hain
Chehre Chhipaaye Phirte hain .*"

19. Sach Aur Jhoot 1

"Dukaan Sach Ki thi,
Par Woh bechta Jhoot tha."

"Kamal ki Baat toh yeh hai"

"Log Sach Samajh Kar
Khareed bhi lete the."

20. Sach Aur Jhoot 2

"Naam Uska Sach tha
Par Woh Bolta Jhoot tha"

"Kamal Ki baat toh yeh hai,"

"Sach ke mooh se
Jhoot Sunkar
Log Sach Samajh lete the ."

21. Mehfil

"Mehfil mein Zikr

Seerat ka ho raha tha ,"

"Mehfil mein Zikr

Seerat ka ho raha tha , ,"

"Surat ke Saamne Aate hi,

Sab Waah Waah Karne Lage .!"

22. Ladka -Ladki

"Tu Aasmaan,
main hoon zamin-zamin,"

"Tu Har Jagah
Main kahin - kahin ,

Tujhe sar utha ka dekhe saare
Mujhe Kuchal ke nikle ghadhi ghadhi ."

"Tu laadla ,
Tujhmein Koi Kami nahi ,
Bas Saare Mujhmein hi nikaale,
kami-kami"

"Tu Aankhya ,Main hoon Kajal,
Tu Zaroori hai,
Par meri Zaroorat
Kabhi-Kabhi ."

"Tu Hai Hawaa, Main hoon Badal ,
Tu Chhordh Ke Aa mujhe,
Mere Sar zameen "

"Tu Duniya ghoome
Aur naye Sheher bhi,
Main saer bhi na karpaaon
Apni gali-Gali "

"Tu Galat ho,
Phir bhi galati nahi,
Meri Har Galti pe Saza kayi "

"Mana Tu Chiraag hai,
main ladki hoon ,
Koi Gunaah toh nahi,
Gunaah toh nahi.
"

23. Log Kaun Hain?

"Usne Mujhse Puccha

"Log Kaun hain?"
"

"Main Has kar kaha"

"" Yeh Aapke Saamne Aapke hain,

Aur mere Saamne yeh Mere"

"Apno se hue Paraaye,

Paraayon ke Yeh Apne ". "

24. Mumkin

"*Mumkin hai ki yeh Aah ,*
tere aane se door ho ."

"

Mumkin hai tere khayal mein ,
Mera Aana Mumkin ho,"

"*Mumkin hai,*
Shayad yeh bhi Mumkin na ho"

"*Mumkin hai,*
Wahi Mumkin ho,
jo Shayad abhi Na Mumkin ho"

"*Mumkin hai,*
Aaj jo tere sath hain ,
Woh Kal tere Paas na ho,"

Mumkin hai .

25. Khoobsurat

"Balaa ki Khoobsurat
Jiski Adaa hai
Jise dekh puri Duniya Fidaa hai"

"Na usmein Hayaa hai,
Aur Na hi Wafaa Hai"

Yakin Maano,

"

Woh Khoobsurat nahi,
Woh Sirf Ek Balaa Hai "

26. Lagta Hai

"Apno mein Itni Duriyaan Yahan ,
Unhe Amrit bhi do
Toh Zeher Lagta hai , "

"Is Safar mein kar liya humne itna
Safar ,
Ab safar hi Humsafar sa lagta hai. "

"Badal Na jaye Apne mere
begairon ke liye ,
Ab to Is Darr se bhi Darr sa Lagta hai. "

"Ilm ki Chahat Nahi hai
Yahan Kisi Ko,
Yahan Jaahil Ki baaton Par Mohar Lagta hai. "

"Jinke Gharon mein Rupya hi sab hota hai,
Wahan Aib paida ho,
Toh Hunar Lagta hai "

"Pyar ka Jadoo bhi be asar lagta hai
Jab Paisa hi Sab Par Asar hota hai. "

JUSTATHOUGHT

27. The More

> *"The more you see Beauties in the World*
> *The more they are Superior,*
> *The more you See the mirror,*
> *The less You feel Inferior."*

28. People

"*People Are just like Shadow,*
They will only appear,
When your days are bright."

29. Thy Heart is Mine

"Dusky Dusky life is mine ,
Thou came ,
And it began to shine
like a
Bottled filled with Halal wine."

"I need thy arms,
And everything will be fine
I love being yours,
And,
Thy heart is mine ."

www.ingramcontent.com/pod-product-compliance
Lightning Source LLC
Chambersburg PA
CBHW031810150726
47989CB00006B/2948